바람따라 울리는 종소리

샘문시선 1057
한국문학상 수상 기념시집
이종식 제3시집

은빛 속에 요정 공주 어머니 꿈
고고한 품위 흐트러짐 없이
촉촉한 눈가에 나도 몰래 흐르네!
보고 싶은 시련에 허우적대는 손

끈적이는 땀에 젖어 단잠 깨운다
풀만 무성한 고향 산하 인적 드물어
졸졸 흐르는 연못가 보는 이 없어도
곱게 피어난 연꽃 그대는 누구던가
〈그대는 누구던가, 일부 인용〉

보듬고 풀지 못한 얼룩진 한숨이
안개꽃 속에 서리지 말고
AI를 능가한 승리의 웃음을 짓자

늙은 몸은 세월과 타협하고
삶을 내려놓는 것은 마음을
비우는 것이며 자신을 믿기 문이다
〈삶과 믿음, 일부 인용〉

그러나 이제는 놓으라라
가을바람이 오라고 손짓을 하니
햇빛에서 붉고 탐스럽게 물들어라
걸릴 것은 어디나 있는 법
그때가 아름다움이고 마지막이란 걸
그것이 현실이고 보람이란 걸
자연은 새로운 꿈을 비추네
〈농촌의 가을날에, 일부 인용〉

_____ 님께

_____ 년   월   일

_____ 드립니다.

도서출판 샘문

한국문학상 수상 기념시집

바람따라 울리는 종소리

이종식 제3시집

반짝이는 별빛 속으로 詩를 보내다

저의 제3시집 『바람 따라 울리는 종소리』를 가을바람에 실어 세상에 내놓습니다.

꿈을 키우는 은하수 길을 따라 꿈을 다지는 머나먼 고산길을 따라 시상이 출렁이는 인생의 아름다운 여울목에서 아장아장 걸어 가슴속에 담아 두었던 20여 년에 추억을 소환하여 연단하고 광칠한 제3시집을 별처럼 반짝이는 독자님들 속으로 보내게 되어 큰 기쁨과 함께 걱정하는 마음도 듭니다.

감정의 도화지에 수채화를 그리듯 살아 숨을 쉬는 일상을 하나하나 내 나름대로 써내려갔지만 독자님들의 평가가 두렵기 때문이다. 느낌대로 채색된 색깔들을 표현하기에는 형상화 시키기에는 역부족인 것 같아서 아쉽기만 합니다.

사랑의 말을 주고받으면서 분노가 사그라지듯이 아직 서투른 시문이지만, 앞으로 더욱더 세련된 작품을 쓰기 위해서 서정성 높은 시들을 추구하기 위해서 사회현상과 시대정신을 현장감 넘치게 쓰기 위해서 보편적 가치로 나와 나를 아는 모든 분에게 잃어버린 감성과 행복감을 찾아드리기 위해 여린 나를 일으켜 세워 채찍질해 봅니다.

여는 글

 독자들 가슴에 하나하나 담길 수 시어들이 별들과 대화하며 더욱더 연마하여 보석으로 빛날 수 있도록 바람 따라 울리는 종에서 작은 울림에서 점차 번져가는 큰 울림으로 임들 가슴에 머물렀으면 하는 소망입니다.
 시가 심연에 담아 가장 행복하고 잃어버린 지난날의 감정을 되살릴 수 있다면 굳어버린 마음이 말랑말랑하지 않을까 싶습니다.

 끝으로 저의 제3시집을 출간할 수 있도록 도와주시고 지도편달 해주시고 감수를 해주신 샘터(지율) 이정록 교수님께 머리 숙여 감사의 말씀 올립니다. 그리고 고생하신 도서출판 샘문(샘문시선)에 편집부, 기획부, 출판부 임직원님들께 감사드립니다.

 또한 항상 저를 응원해주는 저의 아내와 우리 가족들에게 이 기쁨을 전하며 사랑한다는 말을 전합니다. 또 저를 아시는 모든 문인 여러분, 친구들, 지인 여러분께도 고맙다는 말씀 전합니다.

2024년 11월 11일
덕실고을에서 인사드립니다.
시인 **이종식** 배상

샘문서선 1057

한국문학상 수상 기념시집
바람따라 울리는 종소리
이종식 제3시집

반짝이는 별빛 속으로 詩를 보내다 … 이종식 / 4

제1부 : 가을이 떠나는 길에

가을 붉은빛 / 12
가을비 사랑 / 13
가을이 떠나는 길에 / 14
가을이 오는 소리 / 15
갈대 사이 / 17
겨울 속에 꿈 / 18
겨울 어느 날 / 19
겨울 여정 / 20
겨울에 찾는 설화雪花 / 21
경포에 핀 해당화 / 22
고비사막 / 23
고운 빛 내 청춘 / 24
그대는 누구던가 / 25
그대여 / 26
길을 걸으며 / 27
꽃잎 같은 인생 / 28
내가 그린 꿈같은 삶 / 29
꿈을 싫은 파도 / 30
나 혼자 걷는 길 / 31
나그네 개똥철학 / 32

제2부 : 나의 꽃을 찾아서

나의 꽃을 찾아서 / 34
낙엽이 가는 길 / 35
내 꿈을 향해 / 36
내 꿈이 솟은 녹차밭 / 37
내가 살아보니 알겠더라 / 38
농촌의 가을날에 / 39
대학노트에 적은 글 / 40
도산서원 앞에서 / 41
돌섬에서 / 42
동강을 찾아서 / 44
라일락 향기 속으로 / 45
마누라 가슴에 달린 능금 / 46
마음속에 피는 봄 / 47
마음속에서 희망을 / 48
마음에 피우는 초상 / 49
마지막 만날 친구 수필 / 50
마지막 완행열차 / 53
마차는 달린다 / 54
먼, 바다 / 55
목련 꽃필 때 / 56
물들어가는 바다 / 57
바람이 나를 부르면 / 58

제3부 : 봄을 쓰는 시인

오천 년 오월 아침 / 60
방황기 / 61
별꽃 속에 춤추는 나 / 62
별꽃이 피는 밤 / 63
복 터진 일복 / 64
봄꽃 피는 날 / 65
봄빛 순정 / 66
봄을 쓰는 시인 / 67
봄이 길어진 이유 / 68
봄이 부르는 풍경 / 69
봄이 오는 춘삼월 / 70
사랑의 빈 둥지를 찾아서 / 71
상고대에 피어난 꽃 / 72
새로운 겨울 편지 / 73
새로운 태초의 아침 / 74
서로의 마음 / 75
잘 익어오는 능금 / 76
조각배 인생 / 77
천년송 / 78
가을볕인가 보다 / 79
가장 더웠던 여름 / 80

제4부 : 바람따라 울리는 종소리

감사해요. 내 사랑 / 82
깊어져 가는 가을비 / 83
달빛은 내 가슴에 있네 / 84
하얀 꽃비 내리는 돌담길 / 85
바람따라 울리는 종소리 / 86
산소 가는 길 / 87
삶과 믿음 / 88
잃어버린 세월 / 89
가을비 오는 거리 / 90
가을이 오는 소리 / 91
다가서는 가을 하늘 / 92
시인으로 가는 길 / 93
아버지의 논 / 94
일월산 꽃 / 95
잃어버린 내 길 찾아 / 96
해바라기꽃 / 97
행복과 슬픔 속에서 / 98
헛웃음 치다 / 99
별이 흐르는 공간 / 100
시월에 아름다운 시 / 101

제1부

가을이 떠나는 길에

가을 붉은빛

초록 물결 위에 숨겨놓은
붉은빛 에메랄드 사랑
가을바람 불어오니
각시취 쌍떡잎 사이로 피는 꽃
몽울몽울 고개 내밀어 이쁘구나!
옛 동산 올라 먼바다 바라보며
같이 놀던 동심 속에
그리운 사람 생각나네!
바다는 나를 부르고 하얀 거품은
걸어온 발자취를 잊으라 하네
눈에 담고 가슴에 담으며
뒤돌아볼 겨를없이 달려온 세월 머리에
어느새 무서리가 내렸구나!
눈은 마음을 들여다보지 못함을
잊어라, 불살라 태워버려라
꿀 빠는 나비의 넋 빠진 삶을
나 또한 아파보니 알 것 같더라.
분홍빛 사랑을 얻고
열매를 맺는 것도
하늘이 푸르고 구름이 하얀 것 또한
저녁노을을 물들이기 위함이란 걸

가을비 사랑

가을꽃 마지막 토하는 향기가
가엽게도 가을비에 씻겨간다
아름답던 꽃밭에 낙엽이 쌓여가고
내 삶이 식어갈 때면 비바람도 만다더냐

맺혀있는 과실도 언제 낙화 할지
알 수 없는 것,
하나씩 둘씩 깍깍거리면서
까마귀가 몰래 맛을 본다

따갑던 햇볕은 식어가고
뜨겁던 삶에 열정도 이렇게 식어가겠지!
가을비가 야속하다만은
마지막 빗물을 머금고 단풍잎이
곱게 물들어 붉은빛 사랑으로
나의 곁에 머물러 주길,

많은 사연 걸머진 앞산 정자나무
자연이 그려내는 앙상한 가지뿐이다
까치밥만이 달랑 남은 빈 나뭇가지에서
공간을 채우는 바람만 맴도네!

가을이 떠나는 길에

찬바람에 혀끝 시려오니
푸르던 잎 붉게 타오르고
가을 향에 흠뻑 젖어
내갈 길을 잠시 잃었나 보다

어차피 놓고 가야 할 세월이라면
가을바람에 던져 버리고 가벼이 가자
천년 묵은 고사목이
사슴뿔처럼 놓기 전에

세월에 쫓기다 보면 한숨만 깃들고
떨어지는 낙엽에 휩싸이다 보면
고왔던 얼굴 주름만 깊어 간다네
씨도 맺지 못할 꽃은 왜 피려 하는가?

낙엽을 흔드는 하늬바람 불어와
마음을 흔들어 훨훨 불태우니
중천에 걸린 달도 서산에 떨어지고
빈 가슴 휑하니 찬바람만 스미네!

가을이 오는 소리

물들어 오는 가을 새벽
뒷담 넘어 늙은 밤나무
알밤 떨어지는 소리
보릿고개 숨차게 넘어가는 소리

바람난 우리 누나
사내놈에게 마음 빼앗기는 소리
마구간 송아지 배고프다고
음매~~ 울어대는 소리

어머니 홍두깨로 밀가루 반죽
미는 소리에 박자 맞추어
귀뚜라미 암놈 찾는 소리
귀뚤귀뚤 이렇게 가을이 오나 보네

밭일 끝내고 허리춤에 곤 방대 꼽고
끝물 애호박이랑 늙은 호박
한 아름 들고 오는 아버지 기침 소리에
어머니 급하게 서두르는 소리

이것이 아름다운 정이요
가족을 품은 사랑스러운 웃음소리
오늘 저녁 칼국수는 양념장이 없어도
사랑에 짠 눈물로 간을 볼거나

갈대 사이

강가에 떨어지다 얼어버린 물방울
아침이 느끼는 고요함과
찬바람이 나를 툭툭 치는 것이
애당초 자연의 맛 아니던가?

강이 주는 배경 속에 갈대 울음소리
그대들은 애틋한 저 소리가
지금도 바람 소리로 들리는가?
그저 바쁘게 삶을 재촉하는 소리

굴레처럼 휘어진 갈대를 보라
한때는 곧고 예쁜 모습으로
지우는 노을 속에 휘날렸지만
백발에 하얀 수염이 바로 세월이더라

내 등에 둘러멘 망태 속에
푸른 꿈이 움트고 있지만
잠시 나에게 주어진 잠을 자려하오
바람과 적막이 주는 강가에서

겨울 속에 꿈

나는 생을 다한 낙엽이요
앙상한 가지는 정화하는 마음이라
향기도 꿈도 모두 지웠지만

여명이 움트는 심정으로
믿음의 약속으로 극복하며
스스로 나를 외치는 희망의 소리로

바람이 나를 몰아쳐도
나는 내 꿈을 키울게요.
하얀 눈을 맞으며 움트는 날까지

달빛 속에서 야심을 꿈꾸고
삶이 다하는 그 날까지
마지막 남은 물 한 방울까지

보이지 않는 한 잎 한 잎
보듬으며 세월의 흔적으로
가녀린 꽃으로 남으리

겨울 어느 날

얽히고설켰던 이내 가슴속에
하얀 눈이 내린다
앙상한 가지에 하얀 잎이
이것이 하얀 세상이던가?

눈은 자꾸만 거세게 뿌려대고
성난 바람이 물결을 부르듯
광야를 울리며 넋을 부른다
도도한 욕심 쓸어가다오

채우면 채울수록 허전한 삶
희미한 불빛 속에서 나를 사랑하자
완성되지 않은 삶일지라도
또 다른 고향으로 갈 때까지

차가운 겨울 속에서 떠도는 미움들
풍경을 바라보며 술잔을 기울이니
중천에 달은 온데간데없고
어둠을 밝히는 가로등만 하얗구려

겨울 여정

별들이 깜박이는 어두운 밤
밤을 새워 하얗게 피어나는 눈꽃
어두운 밤안개에서 숨어
향기조차 숨기고 곱게도 피었구나!

온통 하얀 꽃밭이 심술궂은
바람에 무너지니 신령의 꽃이어라
기나긴 겨울밤 긴 한숨이 얼마나
시렸기에 이토록 설움을 토했을꼬

가슴을 후벼파는 아픔에서
을 씨 년 같은 인생살이에서
삶을 찾고 봄을 기다리는 냇가에서
버들개지는 잠에서 깨어나네!

겨울은 서서히 지워져 가고
내 마음에 달 뜨니 내 임 오시네
온화한 달빛에 마음은 푸르더라
새로운 노정에 흘러갈 자신을 비춰보며

겨울에 찾는 설화雪花

송이송이 날리는 눈꽃 송이
바람에 내 볼을 스쳐 가네
덩그러니 서 있는 고목에도
물들이듯 하얗게 쌓이네!

모두가 떠나간 거리
알몸으로 혹한 설한을 견디는
갈대밭에도 눈송이로 감싸주니
포근한 사랑이어라

내가 부르고 싶은 자연아
뒹구는 낙엽에 적어 바람에 띄운다,
안아 보고 싶은 세월을
딱 한 번만 머물러 달라고

아픔이 쌓인 거리에도
어둠이 짙어 오는 골목길에도
쌓이는 눈 속을 걸어가네!
눈은 내리는데 눈물은 왜 흐를까?

경포에 핀 해당화

꽃 모래로 날리는 백사장
옹기종기 피어나는 해당화
봄이 오면 오시려나 붉게 피어나
아지랑이 속에서 기다리네!

애타는 염원 가득한데
지극정성 몰라주니
머그잔 속에 노란 구슬 가득
전하지 못한 채 일렁이네!

파도에 갈기갈기 찢긴 채
청 빛으로 멍들어도
암꽃은 열매를 맺나니
사랑하는 내 맘 영혼을 담아주오.

오가는 둘레길 발끝에 차여도
숨 가쁜 열정 사랑으로 남고
옛 자취 속에 오래 남아
봄이 오면 웃는 얼굴 보여주렴

고비사막

걷는다, 고비사막을
한 걸음 두 걸음 걷는 발자국
얼마나 걸었을까 뒤돌아보니
작은 바람이 꿈을 지우며 따라오네!

할딱거리는 숨소리
그늘의 고마움을 이제야 알 것 같네!
두만강이 넓다 하여도
고비사막보다 더 넓으랴

소리 없이 떨어지는 뙤약볕은
피할 수 없어 머리에 이고
얄미운 바람을 뒤로하고
배고픔이 오기 전에
아귀를 꽉 닫고 걷자

고운 빛 내 청춘

출렁이며 소리 없이 밀려오고
밀려가는 해변도
마음 한구석엔 무거운 짐이 남아있구나

너울너울 멈추지 않는
여울목에 앉아서
한 자 두 자 적어 띄워 보내지만
애증의 물살만 오고 갈 뿐

청춘도 사랑도 한때인 양
무딘 발걸음에 그리움을 삭이면서
노을 속 고운 빛에 마음을 묻는다

그대는 누구던가

하늘하늘 휘날리는 청록색 잎
흔들어 대는 바람은
가슴에 맺힌 땀방울 식혀주네!
그리운 고향 산천 뒷마루

어디서 날려오는지 유혹하는
향기에 코끝만 실룩거리네!
푸른 하늘 솜털 곱기도 하여라
삼베적삼 입은 어머니 그립구나!

은빛 속에 요정 공주 어머니 꿈
고고한 품위 흐트러짐 없이
촉촉한 눈가에 나도 몰래 흐르네!
보고 싶은 시련에 허우적대는 손

끈적이는 땀에 젖어 단잠 깨운다
풀만 무성한 고향 산하 인적 드물어
졸졸 흐르는 연못가 보는 이 없어도
곱게 피어난 연꽃 그대는 누구던가

그대여

되뇌고 싶은 너의 그림자
촉촉한 입술로 나의 볼에
파문을 던져 준 그대
그때를 잊을 수가 없구나!

그때나 지금이나
모두가 소중한데 그 소중함을
왜 잊고 감추려 했을까?
창 넘어 뒤꿈치 들고 바라보던 그대여

한 방울 눈물 같은
작은 소망 꼬깃꼬깃 적어
넘겨주던 쪽지 속에서
깊게 파인 가슴속으로 파고드는 그대여

추억들이 쌓인 창 너머로
끝없이 가버린 영혼을 달래듯
먼바다 한 섞인 울음소리 되어
잊으려 해도 잊을 수가 없구나!

길을 걸으며

거센 삭풍에도 변하지 않은
말랑말랑 문드러지는 마음으로
달빛에 피어난 연꽃 속에
나를 기쁘게 했던 벗이여

가슴을 울리는 가느다란 소리가
그대의 소리라면 가슴에 담으리
하지만 마음을 빼앗아 가는
요술은 나에게 가르쳐주지 마오

마음을 훔치지는 않았지만
초록색 눈빛은 보았지요
초록색 바다에서 슬픈 파도가
하얀 물거품으로 다가와도

애타게 기다리는 심정으로
뚜벅뚜벅 앞만 보고
걸으면서 웃고 불러도 보겠지만
순리대로 넓은 곳을 향하여

꽃잎 같은 인생

권력도 뒤에서 돌아보니
길 위에 뒹구는 꽃잎과 같아라
피는 양귀비도 한때요
인생 또한 벌판에 날리는 낙엽이라네

만족이란 끝이 없는 것
가진 것이 없어도 마음속에 있는 것
만족을 모르는 자는
시샘과 욕심으로 덧칠만 한다네

인간은 죽는 그 날까지
욕심과 근심 탐욕을 버리지 못하니
얼마나 불쌍하고 가여운가?
인생이란 낙엽 줍는 나그네라네

풀 위에 떨어진 꽃잎은 지상 천하요
길 위에 밟히는 꽃잎은 지상 지옥이라
풀 위에 살짝 내려앉은 흰 꽃잎을 보니
길손 마음이 밝아지네!

내가 그린 꿈같은 삶

하루해가 유난히 길던
어린 시절 녹색 풀밭에서
피어오르는 풀 내음
맡으며 살아온 꿈같은 삶

달리던 고향 열차도 잃어버리고
뒷동산 꽃향기도
논과 밭에 오줌 깔기던 옛 추억도
어머니 젖 내음도 잊었단 말인가!

파도가 흔들어대는 소리
장에 가신 어머님 기다리며
목 빼 언덕 멀리 바라보던 시절
지금에 바라보니 마음만 허물어지는구나!

모두가 살아온 그림자
어머님 발자국이 서려 있는 내 고향
어릴 적 뛰어놀던 이 길을
지팡이 짚고 숨이 가쁘게 걸어가네!

꿈을 싫은 파도

깜박이는 까만 두 눈에
하얀 달님이 살그머니
나의 얼굴을 들려다 보는 밤
외로운 달이 심심한 표정이다,

바닷가 철썩이는 파도만
나의 둘레를 돌고 돌 뿐
찾아드는 물거품에 질퍽거리네!
이랑을 넘나드는 파도만 야속하다

걸어온 지난날을 앞서거니 뒤서거나
돌아보며 걷고 싶다
아주 높은 곳으로 올라가고 싶구나!
못다 이룬 꿈 알알이 꿰어서

달빛이 머무는 울타리를 바라보니
흰 물결이 마음만 슬프게 돌아가네
가슴으로 품은 사랑이기에
내일의 꿈은 희망으로 피어나길

나 혼자 걷는 길

한겨울 시련을 딛고 길을 걷는다
걷다 보면 새롭고 잃어버린 길
가만히 기억을 더듬어 본다

두견새 우는 지난날을 더듬는다
달빛 따라 구름이 흐르고
때맞추어 바람이 불면
혹여나 빨리 지나가시려나

아직도 내 마음속에는
맞이할 준비가 안 되었는데
시간은 강물에 실려 잘도 흐른다

하얗게 뿌려진
눈 위에 찍힌 조그만 발자국
지워지면 나 또한 떠나리라

어디에 간들 이 한 몸
머무를 곳이야 있겠지만
나를 부르고
나를 찾아주는 그런 사람이 되자

나그네 개똥철학

허욕 속에서 오염으로 가는 길손아
발끝에 닿아있는 땅도
앙상한 가지 끝자락에서 맴도는
바람 또한 옛것이 아니로다

소리치지 못하고 침묵으로 지키는
안일한 생각에 흐느끼고 있음을
시린 겨울에 얼음 밑에서
굴굴 거리는 흐느끼는 소리 듣는가?

세월에 매여 그리던 정은
별빛 가지에 묶어놓고 잊었노라!
어둠이 찾아드는 꿈속에서
깨달음 속으로 묻히고 싶다

나는 몰랐노라!
걸어온 저물녘 나그네 모습을
개똥철학보다는 길옆 돌멩이로 남아
새로운 내일을 위해 꿈을 꾸리라

제 2 부

나의 꿈을 찾아서

나의 꽃을 찾아서

타박타박 불이 꺼져가는
신작로 길을 걷는다
정착지도 만날 사람도 없는 밤에
모두가 어둠 속에 묻히는 밤

밤하늘 반짝이는 별빛에
굉음 속에 거슬러 오르는 비행기가
어디로 가는지 검은빛을 토하며
높은 우주공간으로 솟구친다

내가 찾는 그리운 꽃을 찾아
흐르는 활주로에서 서성이는 나,
따뜻한 마음 품으며 낯선 곳에서
구름 헤치며 내 것 내 사랑 찾아서

낙엽이 가는 길

살쪘던 풀도 말라비틀어지고
한기 서린 급한 마음 서둘러가네

되돌릴 수 없는 세월 앞에
등거리만 남은 채 어디로 가는지
뛰어가면 닿을까?

가다 말고 돌아보는 길손아
서쪽 하늘 어두워지면 못 간다네

노을 속에 구름 가르며 나르는 기러기
불사르던 욕구들은 무력해지고
잃은 청춘 찾을 수 없지만
되돌릴 수 없으니 더 잃지는 마소

햇볕은 따뜻해도 달빛은 차다오.
가늘게 춤추는 갈대는 춤추다 눕고
구르는 낙엽은 온몸으로 맞으니
결국은 말라 죽고 얼어 죽겠지

낙엽도 꽃잎도 대지의 품속으로
안겨드니 제 갈 길로 가는구나!

내 꿈을 향해

봄바람은 고을 지나!
들녘으로 가는데
마음은 담장 밑 따사로움을 찾고
봄이 부르더냐? 마음이 바쁘더냐

넓은 세상이 나를 보고 웃는다
뛰어가면 잡을 것 같아 믿음으로
높은 곳을 향해 나가리
어둠 헤치고 승승장구하리

출세도 낙오도 마음속에 있고
불야성 도시에 내 머물 불빛 찾아
그림 같은 행복의 집을 지어
마음이 앞선 흥에 들뜬 마음에

내 손에 들고 있던 호미를 던지고
불타는 마음으로 달려가네!
이러는 내 마음이 나도 밉지만
내 마음 이곳에 묻고 떠나가네!

내 꿈이 솟은 녹차밭

세월이 먼 길을 돌고 돌아
다시 오기까지가 얼마나
큰 고통을 겪고 틈새를 비집고
꿈을 피우려고 왔을까?

우리의 꿈도 그러하듯
사랑도 한 줄의 소나기처럼
뜨락의 풀잎이 솟아나듯
훨훨 창공을 나는 새들처럼
피우고 날 수는 없을까?

마음을 심는 우리
가난 속에서도 꽃 피우는 우리
한 송이 꽃을 피우기까지
깊은 어둠에서 꿈을 키웠노라!

녹차밭 춘설차 새 눈 돋는 소리에
기다렸던 마음이 녹아내리고
깨끗한 찬바람에 등불을 밝히네!

내가 살아보니 알겠더라

꽃잎이 떨어지면 바람 탓이던가
굽이 돌고 돌아 숨어본들
낮이면 태양이 찾고
밤이면 달님이 찾더라!

맑은 날 구름은 왜 왔는가
구름에 가려 숨은 저 꽃은
구름 꽃인가 무지개 꽃인가?
경배하며 간절히 보고 또 바라보네!

어지러운 세상
태평한 세상에 한 서려 넘치니
마음 편안히 쉴 곳 어디던가
추녀 끝 매달린 고드름 같아라.

늙어감에 청렴결백한들 들을 수도
보지도 못하니 먹을 수 있으랴
번져오는 햇살에
미소 섞인 뜻은 무엇이던가?

농촌의 가을날에

연푸른 마음의 꽃이여
우리는 떠나야 할 나그네 일리야
가득 쌓인 구름 걷히고
피어오르는 모닥불처럼
둥글게 둥글게 서산을 넘으리라
침묵 속에서 잠자는 풀벌레처럼
땅에서 솟아오르는 온천수처럼
따스하게 잠들어라

무성한 나뭇잎과 가지가
나의 방패가 되듯
가을 들녘에 실바람이 불어와도
실바람에 춤을 추는 벼 이삭처럼
잘 익은 젖가슴을 조이는
볼 두 개에 가림막이 되리다

그러나 이제는 놓으리라
가을바람이 오라고 손짓을 하니
햇빛에서 붉고 탐스럽게 물들어라
걸릴 것은 어디나 있는 법
그때가 아름다움이고 마지막이란 걸
그것이 현실이고 보람이란 걸
자연은 새로운 꿈을 비추네

대학노트에 적은 글

또박또박 걷는 돌담길
아주 오랜 잠에서 깬 듯
사라지는 앙상함 속에

마음을 주었던 깨달음
지우고 나면 또 찾으리라
젊음이 지나면 새로운 신념으로

희망과 꿈이 풀씨가 되어
빛을 못 본다 해도
마음에 남아 꿈이 피어나리라

낡고 허름한 대학노트에
교수의 강의를 적은 글
인생은 시대에 뒤지지 말자

도산서원 앞에서

선비란 바로 꼿꼿함이다
외부의 어떠한 압력에도
굴하지 않는 선과 악의 잣대다

선한 왕에게는 백성의 선한
사랑을 주었고
악한 왕에게는 재앙을 내려
나라를 망하게 하였다

요즘 아이들은 스승 보기를
길가는 나그네 보듯 한다
착한 일이 적다고 하여 행하지 않고
나쁜 일이 적다고 하여 행해서는 안 된다

학당이 간판이 되고 학교가
주막이 된다면
스승은 술 파는 주점장이요
학생은 주객이 되는 것이다

참 스승이란 자신을 낮게 다스리며
제자란 스승을 욕되게 해서는 안 되니라
글을 가르치고 배우는 제자가 많아도
심을 가르치고 덕을 익히는 제자가 없노라!

돌섬에서

하얀 파도가 넘는 길엔
따라오면서 하얀 물거품이 일고
유유히 사라지는 은빛 물결은
노을 속에 흰 물결은 춤을 추네

달빛 파도를 지나고 나면
또 다른 별빛 파도를 만나고
내가 가는 길은 험한 길이지만
때론 해거름 풍경이 나를 반긴다

언제나 바다는 꿈이 있고
나의 인생 같아 바라보며 웃네!
멈춰버린 시간인 줄 알았는데
저만치 앞에서 나를 오라 하네

지나온 세월의 아픔을 말해주듯
누가 말하지 않아도
늑대들의 무리처럼 다가와서
부서지는 건 까만 가슴만 찢어지네!

돌섬에서 오만한 시샘을 벗어던지며
너의 푸른 눈빛과 하얀 눈물이
떠나버린 후 붉은 불빛만
잊지 못하고 내 얼굴을 적셔주네!

동강을 찾아서

동강 마루에 서면
우러러 솟아오른 장엄한 절벽을
바라보며 태백의 기를 받는다
한도 많고 슬픔도 많아

기쁨과 도 바꿀 수 없는 동강
구석구석 때 묻은 한들이 쌓여
씻어서 갈 수 없다면
아픔으로 굴굴 대며 흘리지 않으리

큰 바위 걸터앉아 돌아가는
물을 바라보면 무수한
모닥불 속에 역사의 긴 흐름이
긴긴 여름 해를 세월에 비켜 가네

어찌 너만 비밀을 않고 돌겠느냐!
한 많은 나 또한 감추어진 사연을
어느 누가 알아줄까마는
흐르는 물과 함께 나도 흘러가네!

라일락 향기 속으로

무한량 빛나는 투명한 물속에
담긴 비경은 말없이 빛나고
아름아름 맺힌 송이마다
툭툭 털어내는 꽃잎

눈 속에 담으며 걷노라면
라일락 보랏빛 꽃에
눈가에 사뭇 웃음기 맴도네!
보는 것만큼 마음도 너그럽다

자연의 본성을 얻으려고
보듬어 보고 싶어 가슴에 담고
가슴에 담다 찔린다. 하여도
향기만은 잊지 않으리라

할 일을 얻었기에 강하게 지키고
번져오는 라일락 향기 잠재우며
꽃단장 속에 마음을 비우며
서산으로 지는 노을빛에 담아보네!

마누라 가슴에 달린 능금

한낮 따가운 가을볕에
초가지붕 위에 박이 영글고
곧추서서 피어나던 떡잎은 말라
박을 감싸 안으니
흘러가던 구름도 멈추고
기울던 그림자도 멈춰 서는구나!

가을볕이 따가운 것은 산모가
진통을 겪듯 열매를 맺기 위함이요
바람은 강해지라 흔들어 대는 것은 아닐까?
젊음도 한때이니 헛되이 불살라 버리지 말라
자연은 그것을 알고 있는 터
감사의 웃는 얼굴로 아픔을 씻자

솥뚜껑 밑으로 새어 나오는
쌀밥에 향기를 어찌 잊을쏘냐
쌍무지개 마누라 빨간 볼 두 개는
뒷밭에 익어오는 사과가 침샘을 자극하니
양손에 능금을 잡고 빨고 있구나?
꽃대가 안간힘으로 꽃을 잡아주듯
나 또한 처마 끝에 달린 박을 지키리

마음속에 피는 봄

종달새 노래하는 들녘
뒷동산으로 어서 가자
노란 민들레꽃 바라보며
나물 캐던 지난 시절 애달프구나!

산천은 푸르름을 노래하고
지향 없이 흘러간 세월에
멍이 든 가슴은 멈추어 선 채
가느다란 파장으로 가슴만 떨려온다

저 멀리 산골짝에 낮은 굴뚝엔
불어오는 바람 타고
솔솔 저녁연기 피어오르고
바라보고 있으매 보듬고 싶어라

가슴이 요동치기에 멈출 수 없는 삶
타박타박 지팡이에 힘을 주며
공간 속에 찬란하게 비치는 꿈 지우며
달랑달랑 남쪽 하늘 바라보네!

마음속에서 희망을

부드러운 구름이 흐르는
먼 곳에서 바라보는
그림자처럼 우두커니 서 있다
아픈 인연을 어루만지며

채워주지 못한 그대 곁에서
그루터기 같은 의자가 되리라
땅속 깊은 곳에서
잠자는 밝은 새싹을 위해

솔가지에 바람 막으며
좋은 생각으로
마음을 다스리며 빈자리에서
힘든 마음 벗어나니

슬픔도 기쁨도
내 마음속에서 일어나는 것을
참마음이 아니면
희망이란 기억도 지우리라

마음에 피우는 초상

바람 속에 마음 비우듯이 떠난 임
잡아본들 차가운 바람 되어
뜰에 남아있던 발자국조차도
기우는 달빛에 지우 누나!

들여다볼 수 없는 네 마음속
구석구석 산까치가 울어도
요염한 눈빛이 나를 삼켜도
이제는 마침표를 찍으리라

눈바람이 나를 휘몰아쳐도
나부끼는 가지에 걸렸던 초승달도
한때는 맑은 웃음이 좋았지만
뜰 아래 꽃피던 그때 기억되리니

내 마음 지우고 나면 새로운 꽃이
혹독한 추위 이기고 다시 필까?
모진 마음 벼랑 끝에 걸려도
비굴함을 그런 꼴이랑 보이지 말자

마지막 만날 친구 수필

나의 영원한 친구를 기다린다,
함박웃음을 지닌 친구를
임 마중 가듯 먼 포구를 바라본다

저 먼 길에 진눈깨비 흩날리니
나 자신에 가장 선한 표정으로
아직 두려움에 떨며 늦게 오기를
만남이 두려워서 그런지도 몰라
혹여 내 맘 알고 기다림을 알까?
발 디딜 틈 없는 인파 속에서
나를 찾을 수가 있을까?

아니야 깜짝 놀랄 수 있게 내가 찾아가야지
타박타박 구르는 발걸음 소리는
내 가슴을 콩닥콩닥 뛰게 만들고
우두커니 서서 홀린 듯 시름에 잠기네

무엇부터 챙기고 정리해야 하나
가져갔다가 다시 가져올 수 없고
뒤주 속에 숨겨놓은 금은보화는
뉘 품속으로 들어갈까나?

배꼽이 힘을 쓰고 구겨진 관절이
힘을 쓸 때 나누어 주었어야 했는데
괜한 근심이 알알이 부서지누나

더욱 가까워지는 발 구르는 소리는
소중한 기억조차 희미하게 만들고
아주 먼 데서 오는 너를 나는 기다리고
나는 가까운 데서 너를 맞이하니
나는 네 손을 잡으리라

내가 밀 리가 너를 기다리는 동안
다가오는 모든 발자국은
내 가슴에 쿵쿵 거린다
바스락거리는 나뭇잎 하나도 다 내게로 온다
기다려 본 적이 있는 사람은 안다

세상에서 기다리는 일처럼
가슴 아리는 일 있을까?
네가 오기로 한 그 자리
내가 미리 와있는 이곳에서 문을 열고
오는 모든 사람이 너였다고
너였다가 너일 것이었다가
다시 문이 닫힌다 사랑하는 이여!

오지 않는 너를 기다리며
마침내 나는 너에게 간다
아주 먼 곳에서 나는 너에게 가고

아주 오랜 세월을 다하여 너는 지금 오고 있다
아주 먼 곳에서 지금도
아주 천천히 오고 있는 너를
너를 기다리는 동안 나도 가고 있다

남들이 열고 들어오는 모든 문을 통해
내 가슴이 쿵쿵거리는 모든 발자국을 따라
너를 기다리는 동안 나는 너에게 가고 있다

마지막 완행열차

양귀비처럼 고왔던 모습은 지워진 채
모진 풍파에 청춘은 부서지고
돌부리에 갈기갈기 찢긴 가슴
움켜잡고 발악을 해보지만

가슴 구석구석 조잘거리는 소리가
귓전에서 들려온다
무엇으로 파인 빈자리를 메울까?
줄줄 새는 틈바구니에서

빈 바구니 차고 온 인생
메운들 담아갈 수 없는 인생
내려놓음이 사랑이고 행복이라
덜컹거리며 사랑으로 살다 가세

남아있는 푸른 하늘 바라보고
종착역을 향해 넋이 다 하는 그날까지
쉬지 말고 달려요
마지막 사랑의 완성을 위하여

마차는 달린다

우리가 이어가야 할 확신의 나라
지금까지 달려왔고 앞으로도 달려갈 것이다
떨어져 쌓여가는 좌절을 실어 나르는 마차
어둠 속에서 꿈틀대는 용의 눈물처럼
마음에 쌓인 한을 담은 화차 또한 멈추지 않으리

조국의 아픔을 울부짖는 영령들은
낯선 곳에서 밝은 미래를 꿈꾸고 있다는 사실
에서 잠에서 깨어나 한 서린 가슴을 보듬으며
못다 이룬 꿈, 이루길 바라고 있지 않을까?
생 또한 버거운 삶이지만
꿈을 현실로 이루는 것 또한
삶의 노력이기 때문이다

젊음의 피가 끓는 한 멈추지 않을 것이다
하늘의 뜻을 이어받아 심금을 울리는 소리가
멈출 수 없기 때문이다
웃음을 잃어버릴 수 없듯이 근엄한 위엄을 가진
위대한 선조들의 희생정신을 본받았기에
소리를 내 울지 않을 뿐이다

먼, 바다

나무 그늘 밑에
잠든 여인이 누워 있다.
숨소리 따라 파도 너울대고
나뭇잎도 흔들린다.

수평선 따라 여객선 지나고
때맞추어 바람 불어오니
잔잔한 푸른빛에 에메랄드빛을
살며시 흔들고 있구나

서쪽 바다에 해 떨어지면
둥근달은 또 다른 빛을 낳고
밤바람은 솔향을 안고
시샘하듯 부풀어 오르니

누군가 해변을 걷는 그림자에
달빛도 오솔길을 비추고
낮잠을 즐기던 여인과 부둥켜안은
어우러진 모습에 찬미할지라

목련 꽃필 때

붉은빛이 여미는 창가에
아침 햇살 비치면 창 넘어
파릇파릇 봄이 움트는 소리
앳된 손을 잡으며 입맞춤한다

살며시 잡았던 손을 놓으며
봄을 향한 새로운 꿈을 꾼다
부드럽기만 한 얼굴을 들려다 본다.
빛처럼 고이 왔다 바람처럼 가리라

봄볕에 취해보며 삶에 꿈을 꾼다,
꽃길 따라 콧노래 따러 걸어보자
나의 가슴을 두드리며 부르는 노래
가슴에 흐르는 뜨거운 사랑이어라

삶이란 부딪치며 깨지고
성난 물처럼 쓸어도 가지만
삶이란 아는 것만큼만 살라 하네
내 마음에 피어나는 목련꽃처럼

물들어가는 바다

만경대 구름이 흐르듯 파도는
한결같이 변함이 없구나!
이렇게 생생한 풍경을 바라보며
푸른빛 포기마다 사랑을 수놓아

여인의 머리카락처럼 부서지는
봄바람을 앓은 초록빛 파도여
하얀 열두 폭 치맛자락에
휩싸여 두둥실 너울거린다

아롱아롱 지워지지 않는 손끝에서
선율도 없는 찢긴 파도에서
애끓는 마음도 놓아버린 채
나르는 갈매기도 빈 칼귀로 떠나네!

말없이 파도에 흐르는 달빛 속에
우두커니 서 있는 등대여
북망산을 바라보듯 마음만 무겁고
흰 물거품이 나를 앓고 돌아가네!

바람이 나를 부르면

비가 온 후 갠 아침
싱그러운 새벽 공기가
코끝을 톡 쏘고 찡긋 울린다
모두가 새롭게 느껴온다

꽃바람과 함께 잊지 말라는
풀벌레 소리도 요란하게 울고
자연이 푸른빛을 들려주는 소리도
살아 있으매 정겹다

누구나 자연으로 돌아가고 싶은
작은 바람이자 소망이지만
문득 어느 날 숲길을 걸어가네!
심술궂은 바람에도 활짝 웃으며

출렁이는 강물과 여울 속에서
내가 지어 놓은 행복의 둥지에서
나의 어깨를 활짝 펴고
춤을 추는 바람과 함께 가리라

제3부

봄을 쓰는 시인

오천 년 오월 아침

오월 꽃망울 터지는 소리에 놀라
후다닥 잠에서 깨어보니
빨간빛 장미가 나를 보고 웃고 있네!

꿈속에서 그리던 임이든가?
또 다른 꿈을 꾸어야 하나!
다시 꾼다고 새롭게 또 올쏘냐
커피잔에 떠오르는 그림자여

밤잠 이루지 못한 채
새벽길 걸으며 또 다른 나를 보네
안타까운 심정 누구에게 말하리오.
여보게 괜한 단잠만 깬 것 같구려

오월에 붉은빛 태양은 어느새
창문 너머 빼꼼히 들여다보고
바람도 갈 곳을 잃었는지
홀로 누워있는 창문만 흔들고 있네!

방황기

겨울 해는 넘기 바쁘고
따사로움을 주다 말고
남모르게 그림자처럼 사라지니
파도 소리만 드높구나!

하얗게 눈 깔린 길은 잠들고
누운 풀잎을 밟으며 꿈을 심는다
마음속 깊게 잠든 곳을
콕콕 찌르며 새로운 도전을 알린다

내 가슴 깊게 숨겨놓은 눈물 속에
어느 누가 알까 봐 엎드려 운다
일찍 깨우치지 못한 서러움을 후회하듯
단잠에서 깬 아이처럼 느끼노라!

해묵은 낙엽이 밑거름되듯이
나의 갈등과 혼돈에서 벗어나
본연의 모습으로 돌아가자
그리고 먼 길을 가는 나그네처럼

별꽃 속에 춤추는 나

흐름이 있기에 닿을 그곳이 있노라!
별꽃을 마음에 담고서
들끓는 태양을 잠재우며
어두운 별빛 아래서 춤을 춘다

뼈를 깎는 아픔을 잊는 삶
힘들었던 세월 어찌 잊을 리야
구멍 난 버선발로 춤을 춘다
발톱이 뭉그러지는 아픔 속에서

나를 느끼고 함께 있을 때
얼어붙었던 강도 녹으리라
그리고 수많은 불빛 속에서
들려오는 박수 소리

마음속에 아직 남은 허황된 꿈
바람 되어 구름에 실려 가고
잊었던 길섶 따라 가벼운 마음으로
저녁노을 빛이 나를 맞이하네!

별꽃이 피는 밤

울부짖는 함성 속으로
내일을 꿈꾸며 알알이 박히는 삶
구름을 헤집고 뛰어보고
하늘이 푸르러 마음도 푸르다

들녘이랑 바다랑 하늘이랑
힘차게 달리고 진줏빛 바닷가에서
푸른 나의 꿈을 노래하자
밤하늘에 별들을 주우며

들녘에 누워 눈 감고 생각한다.
봄이 안겨주는 큰 꿈과 희망
무지개 같은 황홀한 삶
그런 삶을 위해 성큼성큼 걷는다

푸른 옷깃에 쌓여 꿈을 정리하고
먼 성좌를 바라보며 꽃을 피우고
빗소리에 맞춰 노래를 부르자
깜깜한 밤하늘 별꽃이 필 때까지

복 터진 일복

삶이란 호미와 가래로
논과 밭을 갈아엎듯이
입도 마음도 쉴 틈 없이
달려온 것 같아

문득 하던 일을 멈추고
까마득한 어둠을 헤치며
깜빡이며 날던 반딧불 추억 속으로
철없이 달려가고 싶어라

대낮부터 삼겹살에 막걸리라도 걸쳤나!
쓸데없는 꿈일랑 꾸지 말고
구름이 따가운 뙤약볕을 막아 줄 때
따던 과일이나 마주 따소

색 바랜 가랑잎 같은 설움에
비라도 내려주면 흐른 땀
씻어 가련만 복 없는 놈은
일 복으로 살아가라 하네

봄꽃 피는 날

쫓기듯 밀려가는 작은 꿈이라도
어둠이 깔리는 저녁놀 속삭임
새로운 나의 길을 걸으며
봄의 사랑으로 품고 싶다

가파른 산기슭 거북바위 아래
메말랐던 가지에 새순 움트면
계곡물 졸졸 노래하며 흐르네!
봄은 어진 눈망울로 서려온다

봄은 희망과 꿈으로 피어오르네!
열리지 않은 우중충한 마음에서
여린 푸른 봄을 입맞춤으로 맞는다
가슴 활짝 열어 푸른 꿈을 심어보자

어깨를 스치는 바람의 친구여
이곳 햇빛 아래 바람이 숨겨놓은
움트는 새싹 보듬으며
아름다운 매화향에 취해보세나

봄빛 순정

보이고 싶지 않았던 작은 씨앗도
싹터 올라 꽃을 피우고
죽마고우와 곡주 한잔 나누니
강산에 푸르름이 더하는구나!

도도한 처녀 가슴에 봄바람 불어넣어
맺혀있던 꽃봉오리 피우고
아름다움은 더욱 짙어질 세
돌아서는 이별이 아쉬워 눈물지네!

푸르름이 짙어지면 산천이 아름답고
그리운 연민으로 사랑 꽃피우네!
서쪽 해 넘어가니 청춘 남녀
손에 손잡고 옹기종기 모여드네!

꽃잎은 져도 아름다움은 남는 것
손 걸고 맺은 언약 지우지 말고
가을이 오기 전에 푸른빛으로
우리에게도 아름다운 결실이 이루어지길

봄을 쓰는 시인

어디서 아름다운 봄을 부르는가?
고요히 흐르는 물은 말이 없고
수없이 엉클어졌던 넝쿨에서
하나둘 찾아갈 길손의 꿈을 키우네!

강에서 바다에서 큰물을 이루고
물이야! 어떠한 생각이 있으랴마는
시를 쓰는 나는 향기와
꽃잎이 떨어져 어디로 갈까?

봄을 기다리던 급한 물결은
골짜기를 지나 강을 향해 흐르고
아침 붉은 햇살 눈 부시다
호연이 돌아가려 하지만 발길 멈추네!

봄비가 옷자락에 뿌리고 지나가니
창밖에 홍매화꽃 활짝 피어나더라
어진 시인은 푸르름을 노래하고
시처럼 남기고 흘려서 보내리라

봄이 길어진 이유

당신과 함께 있을 때는
봄이 오는 소리를
들을 수 있었는데
모두 잃어버린 텅 빈 가슴

봄은 어디서 오고
봄바람은 어디서 불어오는가
양지 녘 따뜻한 입김으로
새순을 피운 것도 당신이란 걸

동지섣달 긴긴밤도
당신이 안아주어 포근했다는 걸
다시 만날 수 있다면
당신 때문이란 걸, 전하고 싶소

짧았던 봄도
짧았던 겨울밤도
당신의 품속에서 나왔다는 것을
만나면 꼭 전하오리다

봄이 부르는 풍경

꽃망울 터지는 소리
봄이 오는 소리
따뜻한 햇볕에 올망졸망
움트는 새싹들과

참새 소리도 짹짹 우렁차고
담장 넘어 양지 녘,
새순도 기 지게를 펴며 자랑한다
맑은 하늘에 하얀 구름
그림자처럼 허공에 번져가네

들녘을 뛰노는 망아지 줄곧 즐겁고
하늘 끝과 맞닿은 지평선은
자유롭다 못해 고요하다
임자 없는 나루터 버들개지는
너울너울 마냥 싱그럽고

돌다 멈춰 선 풍차는 말이 없듯이
돛대 꺾인 목선과 같아라
삶이란 잊혀가는 기억력처럼
아련히 지워지는 물거품이어라

봄이 오는 춘삼월

부드러운 아침 희망이 유혹하듯이
굶주렸든 푸른 생명이 부르고 있네!
깊은 겨울잠에서 깨어나고 있다
차가운 음지 녘 옹달샘 터에서

새벽녘 찬바람 속에서도 꿈을 꾸고
저녁노을 붉은 빛을 바라보며
포근한 사랑 속에 피울 꽃눈 틔우며
봄이 전하는 속삭임을 듣는다

나뭇잎 지우던 찬바람은
미안한 듯 잎을 피우려 보듬어오고
놓았던 손도 다시 잡으며 웃는다
부서졌던 마음을 주섬주섬 꿰매며

그렇게 변덕스럽게 살지 않으렵니다
그런 슬픔으로 울지도 않으렵니다
천 번이고 만 번이고 머물러달라고
높은 산 말이 없는 망부석처럼

사랑의 빈 둥지를 찾아서

돌아가는 세월에 왜 이리 급할까?
시간은 녹슬지 않는다
새로운 꿈이 멈출 때
인간의 머리는 녹슬어 간다
초개처럼 부서지는
삶의 길에서 기고만장하여
떠나가는 너는 누구인가?
삶의 두려움에서 생을 관찰하고
인간으로 태어난 나 자신을
더 큰 나무로 바라보고
내일의 꿈을 키우며 살자
아픔 속에서도 웃으며 살자
우수수 쓰러지는 풀과 낙엽을
너는 보고 있는가?
새 희망 속에 해는 다시 뜬다
숨겨놓은 신부의 웃음처럼
바로 그것이 임의 숨결이고
오래전에 숨겨놓은 임의 둥지란 걸
손을 뻗어 둥지로 끌어올리라
그것이 우리가 함께 살아갈
사랑에 빈 둥지가 아닐까?

상고대에 피어난 꽃

산에도 들에도 꽃이 피었네!
이쁘게 아주 예쁘게
밤을 새워 아프게 시리게
상고대에 눈꽃이 폈네!

환한 눈빛으로 말을 건네며
손을 길게 뻗으며 잡으려 합니다
잡지 마세요
잡는 순간 나는 사라진답니다

모진 차가움 속에서 밤을 새워
천지에 꽃을 피우지만
이제는 누구도 사랑하지 않는
나 혼자만의 꽃이랍니다

달님 별님을 사랑하고
높은 산 위에 때가 묻지 않은
태양만이 아는 맑고 맑은 눈물을
나만의 꽃으로 피어나 허물어지리라

새로운 겨울 편지

떠나는 마른 잎에 누운 임아
세월이 흐름이더냐
꼬무락거리는 삶이 인생이더냐
자신이 걸어놓은 마술에 취하여
돌고 돌아 새롭게 다시 오지만
한번 지나간 인생은 오지 않더라
바람에 나부끼던 세월도 딸랑
한 장에 새로움을 달래고
하얗게 뿌려지는 눈 위에
발 도장을 찍으며 떠오르는 태양을 바라본다
얼음 위에 내 얼굴을 비춰보며
찌그러진 자화상에 벙거진 쓴 모습
이것 또한 세월이 그린 자화상이던가
붉은 노을이 갈대를 하얗게 물들이고
걸어가는 산책길도 하얗게 물드네!
익어 가는 인생길 자연 앞에서 너그럽게 웃자
해는 져도 새로운 해가 떠오르듯
더욱 성숙한 삶이 찾아오듯
긴 겨울을 딛고
훈풍에 문을 새롭게 열어가자

새로운 태초의 아침

쫓아오던 햇빛도 만수대 위에서
늦장을 부리니 단청 처마 끝
고드름도 깨어날 줄 모르고
맑고 초롱초롱하니 겨울꽃이어라

겨울바람이 내가 미워서
불어오겠냐마는 내 마음을
내 아픔을 바람이 어찌 알쏘냐
맨발로 반석 위에서 있네!

잊어버리자 놓아버리자
빙빙 돌아가는 물레처럼
돌다 보면 나는 쓰러지고
돌아가던 그림자 또한 잊으리

아직 가을볕이 있어 감싸주고
가슴속에 따스함이 정이요
남아있는 젊음이 사랑이란 걸
겨울을 지탱하고 봄을 맞을까?

서로의 마음

다시 피우는 마음으로
지나온 시절을 보듬어 보려 하지만
비린내 나던 풋내기 시절이
아마도 십자가에 걸린 듯

귓가에 스치는 종소리
바람이 불지 않아도
종소리는 내 가슴에 촉촉하게
스며드는 것은 십자가 때문일까?

눈물이 그렁그렁 맺혀
나를 바라보며 손을 흔들던
그녀의 눈물 때문일까?
내 발이 창가에서 떠날 줄 모르네

가을이 짙어 스산하여 마음은 더하고
하얀 채색에 하얀 손수건 두른
그녀는 이제 떠나고 없지만
바라보는 마음 나와 같이 앉을까

잘 익어오는 능금

어둠 헤집고 짜릿한 휴가철에
추억 속으로 타박타박 밀려간다
잊고 달려온 시간 속에
반짝 햇살이 뾰족이 여민다

지금껏 한결같은 몸가짐으로
가시지 않는 보고 싶으므로
어쩌다 울분도 토하며
멀리서 바라만 보다 늙고 말았구려

꽃잎은 가을바람이 물들이고
그리움은 가슴속에 파랗게 싹트는데
그대여 너무 원망하지 마오
오는 세월 가는 세월 무관심해도

대문 앞 가을볕에 잘 익어 가는
능금처럼 익어서 떨어지면
날 찾은 손님이 가져갈 테니
내 몸 성하게 살다 가면 최고라네

조각배 인생

이슬비 내리는 덜레스 국제공항
보이지 않는 바람이 푸른 잎을
감싸고돌면 지구 온난화 속에서도
가로수 길에 가을 소식 머지않네!

나 또한 검은 머리가 흰색으로
물든 모습이 걱정이 태산 같구나!
지나온 세월 돌아갈 수 없다는 사실
푸른 하늘 조각배 타고 가야 하는데

오늘과 내일을 알려주는 빛과 파동
과거와 현재 속에서 터질 듯한 벅찬 삶
우리는 무엇을 생각하고 있을까?
바로 작금의 시간과 현실이다

배꼽이 쑥 들어간 배를 잡더라도
오늘 계획을 내일로 미루지 말 것이며
가지 않으려 발버둥 쳐도
세월은 절대 잊고 지나치지 않는다

천년송

쌀쌀한 동녘 칼바람 속에서
푸른 솔에 너울대는 노송처럼
하늘 닿을 때까지 흘러온 세월아
지운 낙엽 얼마일까요
나 홀로 지켜온 세월을
어찌 이 땅을 떠날 수 있으리

솔잎이 푸른 까닭도 알겠소
푸른 하늘 구름 속에 수양하여
나도 몰래 새소리 마음에 담고서
분홍 소매 달을 때까지
너 함께 견뎌온 세월을
천만 겹 쌓여 잊을 수 있으리

가을볕인가 보다

강 건너 수련대는 불빛은
나에게 작은 마음을 열어
땀내와 사랑을 가르쳐주었고

무르익으며 살아있음을
고개 숙이며 또렷이 알려준다
가을볕인가 보다

언덕에 올라 돌부처 되어
마음을 다스려보지만
어허 신묘한 조화가 아니더냐

청춘이 있어 행복했고
생각이 옳으므로 착한 길을 왔고
남은 티켓으로 축배를 들자

가장 더웠던 여름

너무 더웠던 여름
억수로 쏟아지는 가을비
질퍼덕거리는 신발을 들고서

흠뻑 젖은 새를 바라본다.
아~ 아마도 저주의 눈물이란 걸
검은 구름이 드리울수록

귓가에서 소리치는 빗방울
가을바람 아 노랠랑 부르지 마라
어쩌면 잊고 떠날 수 있게

나 또한 새로운 일기장에서
기억에만 남겨주리라
꿈속같이 남길 가장 더운 날

제4부

바람따라 울리는 종소리

감사해요. 내 사랑

가을이면 울어대던 귀뚜라미
들녘에 반짝이던 반딧불
하나둘 사라진 거리

새벽에 앞마당에 피어난 제비꽃
해 질 녘 피어난 코스모스
황혼이 그리도 예쁘던가

상큼한 가을 사랑도
구슬처럼 반짝이는 눈물방울도
말라 묻혀버린 아픔이어라

잠 못 이루는 밤이면
내게 주었던 삶에 변화를
그리며 소중했다는 것을 느낀다오

깊어져 가는 가을비

마루에 쪼그리고 앉아
비 맞는 가을 국화를 바라본다
음악 한 소절과
차 한 잔이 그립구나

비바람에 곤두박질치는 꽃송이
다가가 보듬어 주고 싶구나!
나 또한 견디기 힘든 날 있었으랴
알 듯 모를 듯 지나온 세월

함께 맺고 함께 걸어갈 우리
하늘과 바람 서로의 만남
이해하고 보듬어 주는 깊은 관계
어쩜 성내어 불현듯 외치고 싶어라

불붙는 가슴을 억누르며
흔들리던 서낭당 솔가지가 평온을 찾고
꼬부라진 기왓장 고을에
흐르던 물이 멈추자, 해님이 웃네

달빛은 내 가슴에 있네

달은 두둥실 떠 밝기만 한데
없다고 가난하다고 원망하지 마라
아름다운 마음이 있어 행복하다

들에는 과일과 꽃들이
나를 반겨주니 행복의 나라
누군가에 심을 수 있는
사랑이 불타고 있기에 부자다

넓은 호수에 부평 같은 세상
나쁜 것 바르지 못한 짓 하지 말라
나 자신이 더러워지고
나 자신이 괴로워지기 때문이다

마음을 갈고 다듬으면
어둠에서 눈을 뜨고 밝은 빛을 보며
뱃속에 가득한 욕심을 퍼내면
풀잎처럼 가벼움을 얻는다

하얀 꽃비 내리는 돌담길

애틋하게 묻어둔 고향 하늘
돌담길 어루만지며 불러보지만
떠나버린 세월은 찾을 길 없네!

부질없는 시름에 잠겨
그리워하는 마음 그대는 아실까?
늦은 가을 풍광 속에 젖어보지만

아름답던 옛 고향은
추억 속에 고향이 아니로다
잃어버린 시간 엊그제 같은데

연연히 그리운 사람들
추억이 담긴 돌담 어루만지며
아아, 나그네 옷에 하얀 꽃비가 내리네

바람따라 울리는 종소리

들녘에 불어오는 바람
어디서 불어와
휘파람 불고 서 있는 나를 감싸고
어디로 가는 것일까?

종소리는 들려오는데
내 마음에 종소리는 언제 울릴까?
새싹이 돋아나듯
꺼져가는 불 밑에서 기다릴게요

바람은 다시 불어오고
별빛은 강물 따라 흐르고
아이들과 눈을 감고 별빛 따라
내 마음속에 담은 씨앗을 뿌리며 가자

새벽에 울리는 나팔 소리에 맞춰
감았던 눈을 활짝 뜨고 외쳐보자
나를 부르는 자가 누구요
소리쳐 보지만 나는 내 길을 가노라!

산소 가는 길

계곡 고운 옥수 마시며
할머니 산소 가는 길
다리 아프고 숨이 차지만
할머니를 만나러 가고 있다

잘살아보겠다고
아마도 명당을 찾아 모신 곳이
강원도 내설악 국립공원
할아버지랑 상봉하셨는지 걱정도 된다

툭툭 떨어지는 다래 가래
열매를 주우며 오르고 또 오른다
산향기 찐한 풀내음
걷다 보면 나도 산, 사나이다

정상에 오르면 속초 앞바다
이끼 입은 바위 정말 장관이다
헤어질 때 눈시울 붉히지만
담담하게 살라시던 할머니 말씀

삶과 믿음
- AI를 능가한 승리의 웃음

녹색 길을 따라 걷노라면
깎아 세운 절벽에 붓을 잡아
한 폭에 마침표를 찍고 싶지만

긴 세월과 눈물이 만들어낸
푸르기만 했던 호수였기에
다시 바라보니 연민만 쌓이네!

보듬고 풀지 못한 얼룩진 한숨이
안개꽃 속에 서리지 말고
AI를 능가한 승리의 웃음을 짓자

늙은 몸은 세월과 타협하고
삶을 내려놓는 것은 마음을 비우는 것이며
자신을 믿기 때문이다

잃어버린 세월

내 마음 훔쳐 간 사랑이여
내 마음 울리고 간 여인이여
내 마음 두드리고 간 세월이여
내 마음 알세라 이불 적시네

걸어온 내 모습 돌아보니
잘 되리라 속고 속으면서
쉴 틈 없는 삶 뉘가 알리요
참고 살면 좋은 날 오려니

어느덧 검은 머리 흰 머리 되어
쓸데없는 헛꿈 깨우치라는 말
헛고생 속에 지나고 보니
막걸릿잔에 떨어지는 눈물이로세

달 밝은 보름날 먹구름 낀 가슴속
자식새끼 잘 자라니
천금인들 바꿀 수가 있을쏘냐
이제 순리대로 살다 갈까 하노라!

가을비 오는 거리

우르릉 쾅
비가 오려나 보다.
무더위가 남겨진 초가을
목을 타고 흐르는 땀방울도

빗물을 타고 속으로 스민다
빗물인지 땀방울인지
아마도 한바탕 소나기 하려나
비는 내려도 쌓이지는 않는다

나뭇잎을 타고 지붕을 타고
스스로 가야 할 길을 간다
비 내리는 강변의 모래알을 밟으며
촉촉함을 그려보기도 하지만

때론 툰드라 같은 긴 여행에서
꿈의 빗소리로 다가오기도 한다
잿빛 빗속에서 한 방울 이슬비로
작은 빗방울이면 나는 족하다

가을이 오는 소리

낙엽을 밟고
바스락 소리와 함께
가을을 바라봅니다

보이지는 않고
소리는 들리는데
가을아, 너는 어디서 왔니?

작은 개울 저쪽에서
바스락 소리에 바라보니
빨간 단풍이 너울너울 춤춘다

분수가 올라가던 공원에도
뺨을 스치는 바람에서도
하늘 높이 흐르는 하얀 구름

그래 모두가 가을이구나
별들이 높은 뜻을 알았고
나조차 가을에 미치면 어떠하리

다가서는 가을 하늘

유난히 더웠던 여름
더위에 잃어버린 나를 찾아
가을의 문을 이제 두드린다

맑은 하늘에 흰 구름 가고
깔깔대며 지내던 시절
어느새 여기까지 왔을까?

바쁘게 걸어오다 보니
나의 마음도 느낌도 잊고
주름진 자기 모습도 잊었다

바람막이 해주던 지인들도
하나둘 떠나고 오롯이 내 몫으로 남아
소리 없는 구름만 바라보네!

시인으로 가는 길

한때 숨이 가쁜 설렘도
토닥토닥 무거운 발걸음도
모래 위를 걷듯 나는 기분으로

차가움 입속으로 밀려오는 숨결
열기 따라, 몰래 손을 여민다
말 없는 공간에 흐르는 울림

첫사랑 설레듯이
모두가 그렇듯이 가슴 쓸어 앉으며
힘껏 오르면 내리막이 수월하듯

가을이 오는 언덕에서
콧속으로 사르륵 들어오는 향기에
실룩거리며 미소를 띤다

시인의 길을 손끝에서 맛보며
향기 나는 나의 숨결이
벌꿀에 담기듯 멀리 퍼져주길

아버지의 논

내가 걷던 논둑길
병들고 메뚜기 잡던 어린 시절
빨간 고추잠자리
어깨 위에도 앉기도 했었지!

이글거리는 가을볕이 따가워도
더운 줄 모르고 뛰었던 고향 마을
아버지가 떠난 지금은 무너진
논둑길 불청객처럼 외면하네

아궁이 가득 불을 지펴
소죽 끓일 때 저녁연기 맞으며
궁핍한 삶에도 부족함 없이
형제간에도 나눔으로 살았지!

아버지 역할이 크셨던 달뜨는 고향
아버지의 뜻을 잊지 못한
내 잘못이란 걸 산등성에 올라
소리 없는 마음에 눈물만 삼키네!

일월산 꽃

가을 향기 녹아내리는
둘레길 걷노라면

꽃구름 녹아내리는 일월산
안개 자욱하게 피어 설화 날리고

정수리 일출 아침 햇살에
빨간 꽃 피어나네!

어제도 곱고 예쁜 꽃 피어나고
내일도 곱게 물들겠지!

멀리서 바라보는 방향 따라
달라지고 새롭게 피어난다

오는 이 막지 않고 내려가는 자
잡지 않으니
일월산 또한 그대로구나

잃어버린 내 길 찾아

새벽잠 설치고 집 나와
뉘 볼세라 구직센터 앞
쪼그려 앉은 늙은이
한평생 직장생활 누가 알리요

집안 걱정, 자식 걱정
빠듯한 살림살이
가슴 조이며 살아온 세월
수놓듯 나그네 인생길

나라 경제도 어려운 탓에
나이 먹은 것도 서러운데
찬밥 신세 뼈저리게 느끼네!
나 죽어 울어줄 사람도 없어라

지조 높은 양반네들 큰소리치지 말고
아픈 마음 도닥여주게나
인생사 새 홍치마라
그래도 웃는 날 오지 않을까

해바라기꽃

산과 들에 풍성한 가을
하나둘 지워지더라도
아픔을 따라주는 해님과 함께
쫓고 따르는 해바라기

서산에 떨어진 해님이
어둠으로 사라지면
알지 못하게 울타리 밑에서
밤새워 고개 숙여 기다리네

언제나 따뜻한 품을 않고
밤마다 기다림 속에서
쓰러지는 그 날까지 따르며
꺾이는 것이야 어찌하리

행복과 슬픔 속에서

붉은빛을 뿜어 대지를 밝히고
빛을 따라 배는 떠난다,
헐떡이며 노를 젓지만

힘차게 폭발하던 가슴도
힘이 빠지는지 뼈아픔을 느낀다
서쪽 하늘에 노을 지면 녹초가 된다

좋은 것도 하찮은 것도
자기 마음에서 느낄 수 있듯이
하루에서 저녁은 행복하다는걸

삶이란 일생 가운데 젊음이요
행복할 때는 자식이 태어났을 때며
가장 슬플 때는 부모를 잃었을 때다

헛웃음 치다

나의 꿈을 위하여
아니 나의 욕심을
채우기 위하여 달렸다

차들이 달음질치는 도로에서
바람이 부는 날
나뭇가지 끝, 잡고서 발버둥 쳤다

이렇게 삶과 싸웠고
올해도 지난날 그 꿈속에서
발버둥 치며 달렸지만, 그 자리

이렇게 세상은 야속하다는걸
하지만 내 길을 가다 보면
내 길도 찾는다는 걸

그 길을 밟기 위해서는
얼마나 큰 고통이 온다는 것도
멍들고 울어 지친 아픔 속에서

별이 흐르는 공간

지천으로 피어나는 풀꽃
속에서 옷소매 적시며
가재 잡던 시골집 냇가
아직 남아 숨을 쉬는 추억

계곡에서 흐르던 물소리도
꿈처럼 느껴지던 바람소리는
어디로 가고 현대식 가구와
가전제품으로 채운 아파트

뿌리조차 뽑힌 지 오래인 듯
에어컨에서 찬 바람 더운 바람
올여름 더위에도
선선한 바람으로 절기도 잊는다

과학은 발전해야 하고
밤하늘에 반짝이는 별은 없어도
별빛으로 불야성을 이루는 도시
별빛 공간을 아이들은 달린다

시월에 아름다운 시

하얀 서리꽃 피어오르는
시월에 산책길
길옆들 숲에는 가을꽃 향기
사각대는 갈대 우는 소리

가을에 아침은 맑으면서도
별꽃이 피어나는 소리
바람은 차면서도 깔끔하고
톡 쏘는 느낌을 상상한다

살랑거리는 떡갈나무 잎은
빨간 불 잠자리들이
늦잠에서 깨어나지 못한 채
파르르 날갯짓한다

들녘에서 출렁이는 벼들이
밤이슬 털고 일어나는 모습들은
닫친 창을 열리게 하는 마술,
위대한 자연을 사랑하노라!

샘문시선 1057

한국문학상 수상 기념시집

바람따라 울리는 종소리

이종식 제3시집

발행일 _ 2024년 11월 8일
발행인 _ 이정록
발행처 _ 도서출판샘문
저　자 _ 이종식
감　수 _ 이정록
기　획 _ 박훈식
편집디자인 _ 신순옥, 한가을
인　쇄 _ 도서출판샘문
주　소 _ 서울특별시 중랑구 동일로 101길 56, 3층(면목동, 삼포빌딩)
전화번호 _ 02-491-0060 / 02-491-0096
팩스번호 _ 02-491-0040
이메일 _ rok9539@daum.net / saemteonews@naver.com
홈페이지 _ www.saemmoon.co.kr (사단법인 문학그룹샘문)
　　　　　www.saemmoonnews.co.kr (샘문뉴스)
출판사등록 _ 제2019-26호
사업자등록증 등록 _ 113-82-76122(사단법인 도서출판샘문)
　　　　　　　　　 677-82-00408(사단법인 문학그룹샘문)
　　　　　　　　　 104-82-66182(사단법인 샘문학)
　　　　　　　　　 501-82-70801(사단법인 샘문뉴스)
　　　　　　　　　 116-81-94326(주식회사 한국문학)
샘문사이버교육원 (온라인 원격)-교육부인가 공식교육기관 _ 제320193122호
샘문평생교육원 (오프라인)-교육부인가 공식교육기관 _ 제320203133호
샘문뉴스 등록번호 _ 서울, 아52256
ISBN _ 979-11-94325-87-1

본 시집의 구성은 작가의 의도에 따랐습니다.
이 책의 저작권은 저자와 도서출판 샘문에 있습니다.
무단 전재 및 표절, 복제를 금합니다.

파손된 책은 구입처에서 교환해 드립니다.
본지는 한국간행물 윤리위원회 윤리강령 및 실천요강을 준수합니다.

문집 출간 안내

도서출판 샘문 에서는

베스트셀러 명품브랜드 〈샘문시선〉에서는 각종 시집, 시조집, 수필집, 동시집, 동화집, 소설집, 평론집, 칼럼집, 꽁트집, 수상록, 시화집, 도록, 이론서, 자서전 등 문집을 만들어 드립니다.
도서출판 샘문에서는 저자님의 소중한 작품집이 많은 독자들에게 노출되고 검색되고 구매하여 읽히고 감상할 수 있도록 그 전 과정을 기획, 교정, 교열, 퇴고, 윤문(첨삭,감수), 디자인, 편집, 인쇄, 제본, 서점 등록(납품,유통), 언론홍보, SNS홍보 등, 출판부터 발매 까지의 전략을 함께해 드립니다.

📖 출판정보

샘문시선은 도서출판비를 30% 인하 하였습니다. 국제원자재값 폭등으로 인하여 문집 원자재인 종이값 등이 3번에 걸쳐 43% 상승하였으나 이를 반영하지 않았습니다.

📢 저자가 필요한 수량만큼 드리고 나머지는 서점 유통

📢 시집 표지는 최고급으로 제작함 – 500부 이상

📢 제목은 저자 요청시 금박, 은박, 에폭시로도 제작함

📢 면지는 앞뒤 4장, 또는 칼라 첨지로 구성해드림

📢 본문은 100g 미색 최고급지 사용함(눈 보안용지, 탈색방지)

📢 본문 200페이지 이상은 80g 사용

📢 저서봉투 – 고급봉투 인쇄 무료 제공

📢 출간된 책 광고(본 협회 =〉 홈페이지, 샘문뉴스, 내외뉴스, 페이스북 13개그룹(독자& 회원 10만명), 카페 3개, 블로그 2개, 카톡단톡방 12개, 유튜브, 카카오스토리, 인스타그램, 문예지 4개, 문학신문 등)

📢 견적 ▷ 인세 계약서 작성 ▷ 기획 ▷ 감수 ▷ 편집 ▷ 재감수 ▷ 재편집 ▷ 인쇄 ▷ 제본 ▷ 택배 ▷ 서점 13개업체 납품 ▷ 저자에게 납품 ▷ 유통 ▷ 홍보 ▷ 판매 ▷ 인세지급

📢 출판기념회는 저자 요청시 본사 문화센터(대강의실) 무료 대여 가능(70명 수용가능) 현수막, 배너, 무대 조명, 마이크, 음향, 디지털 빔, 노트북, 줌시스템, 모니터, 컴퓨터, 석수, 커피, 차, 무료 제공

📢 저자 요청시 저자의 작품 전국대회에서 수상한 시낭송가가 낭송하여 유튜브 동영상 제작 =〉 출판기념식 및 시담 라이브 방송

📢 저자 요청시 네이버 생방송 출판기념회 가능(유튜브 연동) – 네이버 라이브 커머스쇼

📢 뒷 표지에 QR코드 삽입가능 – 저자의 작품 시낭송 유튜브 동영상 등(요청시)

📢 교정, 교열, 감수, 윤필(첨삭감수), 평설, 서문 등(유명한 시인, 수필가, 소설가, 문학평론가, 항시 대기)

문집 출간 안내

📖 빅뉴스

이정록 시인의 〈산책로에서 만난 사랑〉이 네이버 선정 베스트셀러로 선정 된 이후 〈내가 꽃을 사랑하는 이유〉, 〈양눈박이 울프〉, 〈꽃이 바람에게〉, 〈바람의 애인, 꽃〉 시집이 연속 교보문고 베스트셀러에 선정 되고 5권 전부 출간 순서대로 골든존에 등극하였다. 평생 한 번도 어렵다는 자리를 이정록 시인은 5년 동안 5번에 오르고 현재도 이번 2022년 5월경에 출간된 [바람의 애인, 꽃] 영문판과 [담양장날]이 출간을 기다리고 있다

〈서창원 시인, 2회〉, 〈강성화 시인〉, 〈박동희 시인〉, 〈김영운 시인〉, 〈남미숙 시인〉, 〈최성학 시인〉, 〈이수달 시인〉, 〈김춘자 시인〉, 〈이종식 시인〉 외 한용운문학상 수상 시인인 〈서창원 수필가〉, 〈정세일 시인〉, 〈김현미 시인〉가 올랐고, 2022년 올 봄에는 〈정완식 소설가〉 『바람의 제국』 이 소설집으로는 최초로 『네이버 선정 베스트셀러』 반열에 올랐고, 〈이동춘 시인〉에 『춘녀의 마법』 시집이 『네이버 선정 베스트셀러』 반열에 올랐다. 그리고 컨버전스공동시선집과 한용운공동 시선집도 간간히 베스트셀러를 하고 있는 〈베스트셀러 명품브랜드〉 『샘문시선』 이다

〈샘문시선〉은 〈베스트셀러_명품브랜드〉로서 고객님들의 〈평생가치를 지향〉하는 〈프리미엄 브랜드〉입니다. 고객이신 문인 및 독자 여러분, 단체, 기관, 학교, 기업, 기타 고객분들을 〈평생고객〉으로 모시겠습니다. 많은 사랑 부탁드립니다

📖 샘문특전

📢 교보문고, 영풍문고, 인터파크, 알라딘, 예스24시, 11번가, Gs Shop, 쿠팡, 위메프, G마켓, 옥션, 하프클럽, 샘문쇼핑몰, 네이버 책, 네이버쇼핑몰, 네이버 샘문스토어 등 주요 오프라인 서점, 온라인 서점, 오픈마켓 서점에서 공급 및 유통하고 있습니다.

📢 기획, 교정, 편집, 디자인에 최고의 시인 및 작가, 편집가, 디자이너, 평론가, 리라이팅(첨삭 감수) 및 감수 전문가들이 참여하여 감성, 심상이 살아 있는 시집, 수필집, 소설집, 등 각종 도서를 만들어 드립니다.

📢 인쇄, 제본, 용지를 품질 좋은 우수한 것만 사용합니다.

📢 당 출판사 〈한용운공동시선집〉, 〈컨버전스공동시선집〉과 〈한국문학공동시선집〉, 〈샘문시선집〉을 자사 신문인 (샘문뉴스)와 제휴 신문인(내외신문), 글로벌뉴스와 홈페이지(2군데), 샘문쇼핑몰, 네이버 샘문스토어, 페이스북, 밴드, 카페, 블로그를 합쳐서 10만명의 회원들이 활동하는 SNS 20개 그룹 공개 지면 및 공개 공간을 통해 홍보해 드립니다.

📢 당 출판사를 통해 국립중앙도서관 및 국회도서관 및 전국 도서관에 납본하여 영구적으로 보존해 드립니다.

📢 당 문학그룹 연회비 납부 회원은 30만원 상당에 〈표지용·작품〉을 제공 받습니다.